Jean-Philippe Delhomme
Jean-Marc Savoye

DIE SONNIGEN TAGE DER VILLA SAVOYE

Birkhäuser
Basel

5

DIE SONNIGEN TAGE

Das Licht war von strahlender Klarheit. Eine beständige Brise ließ die Wolken, vom flachen Licht der untergehenden Sonne gerahmt, über den sich ins Ocker verfärbenden Himmel ziehen. Es war ein Abend im Juni des Jahres 2000 oder 2001, genau weiß ich es nicht mehr. Ich saß auf der Terrasse der Villa, an der Seite meiner Mutter. Gemeinsam lauschten wir einem Kammerorchester, das Melodien von Dvořák, Grieg und Beethoven spielte. Ein seltener und flüchtiger Moment perfekter Harmonie. Für einen Augenblick fühlte ich mich zu Hause. Für einen Augenblick entschwand meine Mutter in ihre Vergangenheit. Schließlich war es hier gewesen, wo alles begonnen hatte. In diesem Haus hatte sie sich im Frühjahr 1939 mit meinem Vater verlobt. Die Musik verstummte. Die Nacht hatte die Wolken verschlungen, die einsetzende Feuchtigkeit uns in die Realität zurückgeholt. Die Zeit war schnell vergangen.

Welcher Gedanke hatte meine Großmutter dazu verleitet, für diesen 8. Juni 1928* einen Termin mit Le Corbusier zu vereinbaren, den sie sicher allein wahrnehmen sollte? Und genau dieser Versuch, auf jene Frage, die überdies komplexer ist, als sie erscheint, eine Antwort zu finden, ist Gegenstand dieses Buches. Ich weiß, dass meine Großmutter Fotos von Häusern des bekannten Architekten gesehen hatte. Auf seine Arbeit, so erzählte sie, wäre sie bei einer Zugreise mit einer Freundin in einer Zeitschrift gestoßen: «Da schau mal, das ist ein Haus, wie ich es gerne hätte!» Wenn sie lange Zeit später von «Poissy» sprach, denn so wurde die Villa in der Familie meist genannt, erklärte sie, dass sie ein Haus bauen wollte, das sie überdauern würde.

DER VILLA SAVOYE

* Dieses Datum wurde, neben vielen weiteren Informationen in diesem Buch, dem bemerkenswerten – und äußerst detaillierten – Werk «Les Heures claires» entnommen, das Josep Quetglas der Villa Savoye gewidmet hat. Bedauerlicherweise liegt dieses Buch nur in seiner spanischen Version vor (vgl. Bibliografie).

Ich rufe hier meine Großmutter in Erinnerung, da gerade sie es ist, die die treibende Kraft in diesem Projekt sein wird. Sie ist es, die die Wahl für die Modernität trifft, wenngleich Herkunft, Bildung und Milieu sie naturgemäß zum Kauf eines Landsitzes oder eines so imposanten wie stattlichen Schlosses prädestiniert hätten. Sie aber möchte in diesem Jahr 1928 etwas anderes: bauen und sich entschlossen der Zukunft zuwenden. Von ihrem ersten Brief an Le Corbusier an sieht sie übrigens bereits vor, «das Haus in einigen Jahren vergrößern [zu] können, ohne es zu verunstalten». Mit diesem Satz beginnt der Briefwechsel im Sommer 1928, der als Auftragsersuch betrachtet werden muss. Seine handgeschriebene, schnörkellose Form ist erstaunlich. Man könnte meinen, es handle sich um einen Entwurf, zumal – was im Übrigen überrascht – keinerlei Höflichkeitsformel zu lesen ist. Vielleicht ist die letzte Seite verloren gegangen. Die Tatsache jedoch, dass sich dieser Brief im Archiv von Le Corbusier wiederfand, bestätigt, dass er abgeschickt wurde. Die Wünsche sind detailliert und präzise. Bereits beim ersten Lesen sagt man sich, dass die dem Architekten zugesprochene Freiheit recht bescheiden sein wird. So wie ich meine Großmutter in Erinnerung habe, überrascht mich dies nicht. Sie wusste sehr gut, was sie wollte, war nicht sehr «kommod» und ließ sich nicht allzu viel vormachen.

Eher aber noch als bei der Form sollte man beim Inhalt dieses Briefes verweilen, denn was das Bauen an sich betrifft – und dies gilt insbesondere für Einfamilienhäuser –, kommt dem Bauherrn besondere Bedeutung zu. Er ist derjenige, der vorgibt, was er möchte, denn schließlich wird auch er dort leben, das heißt essen, schlafen, lieben, lachen und weinen, und all dies im Kreise der Seinen. Dieser sehr konkrete Aspekt beim Gesuch meiner Großeltern sollte nicht außer Acht gelassen werden. Für sie ging es nicht darum, ein Manifest aufzustellen oder etwa ein Mäzenatenwerk zu errichten. Es handelte sich – nicht mehr und nicht weniger – darum, ein Landhaus zu bauen und darin glücklich zu sein. Hätte meine Großmutter von der «Wohnmaschine» gehört, wäre das Treffen vom Juni nicht zustande gekommen!

«[...] MÖCHTE ICH DAS HAUS IN EINIGEN JAHREN VERGRÖSSERN KÖNNEN, OHNE ES ZU VERUNSTALTEN.» E. SAVOYE

Monsieur

Voici les principaux détails de ce que je désire avoir dans la maison de campagne. D'abord je voudrais qu'il soit possible de la grandir dans quelques années sans que l'agrandissement abîme la maison.

Il y sera l'eau chaude et froide, le gaz, l'électricité (lumière et force) le chauffage central.

Au rez-de-chaussée 1 grande pièce de 12m/7, 1 vestiaire (lavabo-water), 1 cuisine 1 office. 1 fruitier 1 chambre à coucher 8/4 une autre chambre à coucher 4/4 séparées par une salle de bain avec water.

A l'étage ma chambre 5 avec grande salle de bain water fermé, 1 lingerie et 1 boudoir de 15m².

Service: 2 chambres de bonnes avec prise d'eau et un water. 1 garage pour 3 voitures. 1 logement de concierge et un logement de chauffeur. 1 débarras pour outils et un grenier (mansarde).

1 cave à vin et une autre cave.

Détails: Une cuisine comme à Ville d'Avray avec 3 prises de courant force et 2 éclairages. Un office un peu plus grand que celui de Ville d'Avray avec un emplacement pour la lessiveuse électrique et une prise de courant force. Un vestiaire assez grand avec une lampe au plafond et une autre au lavabo. Dans la grande pièce, éclairage indirect et aucun sur la table pour manger. 5 prises de courant une grande cheminée; il ne faut pas que cette salle soit strictement rectangulaire, mais comporte des coins confortables.

Sehr geehrter Herr Le Corbusier,

hier die wesentlichen Details, die ich im Landhaus vorzufinden wünsche. Zunächst einmal möchte ich das Haus in einigen Jahren vergrößern können, ohne es zu verunstalten.

Ich wünsche heißes und kaltes Wasser, Gas, Strom (Licht und Starkstrom), Zentralheizung. Im Erdgeschoss 1 großes Zimmer von 12×7m, 1 Garderobe, (Waschbecken), 1 Küche, 1 Anrichtezimmer, 1 Obstlager, 1 Schlafzimmer 8×4m, ein weiteres Schlafzimmer 4×4m, beide voneinander getrennt durch ein ~~Badezimmer mit Wasserklosett.~~

Im ersten Stock mein Schlafzimmer 5×4m mit großem Badezimmer, getrenntem Klosett und 1 Boudoir von 15m².

Personal: 2 Dienstmädchenzimmer mit Wasseranschluss und einem Klosett. 1 Garage für 3 Automobile. 1 Wohnraum für die Concierge und 1 Wohnung für den Chauffeur. 1 Raum für Werkzeuge und einen Speicher. 1 Weinkeller und ein weiterer Keller.

Details: Eine Küche wie in Ville d'Avray mit 3 Kraftstromanschlüssen und 2 elektrischen Lichtauslässen. Ein Anrichtezimmer, etwas größer als jenes in Ville d'Avray, mit einem Platz für den elektrischen Waschkessel und einem Kraftstromanschluss.

Eine recht geräumige Umkleide mit einer Lampe an der Decke und einer weiteren am Waschbecken.

Im großen Zimmer indirekte Beleuchtung und Leuchter über dem Esstisch. 5 Steckdosen, ein großer offener Kamin, der Raum soll nicht streng rechteckig, aber mit behaglichen Ecken ausgestattet sein.

Schlafzimmer 5×4m für meinen Sohn, Schlaf-
raum und Arbeitszimmer in einem, in der Mitte
eine Steckdose.

Badezimmer mit einem großen Spiegel an
der Wand, Licht oberhalb und am Waschbecken.
~~Separates Klosett~~ Wäsche- und Kleiderschrank.

1 Schlafzimmer mit 2 Betten für die Freunde.
Lichtquelle am Bett und in der Zimmermitte.
Steckdose Toilettentisch.

Im ersten Stock Schlafzimmer mit 2 Betten
5×4m, indirekte Beleuchtung, elektrische Lampe
an jedem Bett und 2 Steckdosen im großen
Badezimmer, Licht und Steckdose am Waschbecken,
großer Wandspiegel und Spiegelbeleuchtung

1 Boudoir neben dem Schlafzimmer

1 Wäschekammer 2,50×3m. Beidseitig Schränke
mit Schiebetüren

Klapptisch von 1,20m am Fenster,
Licht über dem Tisch und Starkstromanschluss
zum Bügeln

Deckenbeleuchtung.

Wohnung für den Gärtner: 2 Zimmer, Küche,
Klosett.

Garage 3 Automobile mit Wasser und Licht und
Wohnung für den Chauffeur darüber 2 Zimmer,
Küche und Klosett, Speicher

Eventuell: Kautschukbelag oder Parkett in
den Schlafzimmern. Ansonsten überall Fliesen.

Vorratsschrank – Yale-Schloss.

Isoliermaterial für die Außenmauern – gegen
Hitze und Kälte.

Kostenvoranschlag mit Leistungsbeschreibung.

Alle Mehr- oder Minderleistungen werden nach
den Einheitspreisen der Grundpauschale festgesetzt.

Das Wohngebäude der Familie Savoye in Paris, 105 rue de Courcelles

Erstaunlich ist zunächst, dass sie sich kein sehr großes Haus wünscht. Vorgesehen ist es für drei Personen: meine Großeltern und ihren einzigen Sohn. Benötigt werden also zwei Schlafzimmer sowie ein weiteres – und einziges – für die Freunde. Das Haus befindet sich in ein bis eineinhalb Stunden Entfernung von Paris, und Letztere kommen, mit dem Auto oder dem Zug, um den Tag zu verbringen. Es handelt sich also bei Weitem nicht um ein großes Gebäude, in dem mit einer Vielzahl von Personen die Ferien verbracht werden könnten. Was die Familie betrifft, so ist diese auf einen kleinen Kreis beschränkt. Mein Großvater pflegt zu seinen Geschwistern ein distanziertes Verhältnis, meine Großmutter sieht ihre im Norden gebliebene Schwester kaum. Sicher, eines Tages würde mein Vater heiraten, vorerst aber ist er 21 Jahre alt, und sollte er Kinder bekommen, bliebe immer noch genügend Zeit, das Haus zu vergrößern, ohne es zu «verunstalten». Wie dem auch sei, so kann ich auch versichern, dass meine Großmutter nicht der Typ Mensch war, der sich von einer Schar von Enkeln überfallen ließ, die sie, Abzählreime singend, in ihren Armen wiegte. Nein, die Familie war nicht die Hauptsorge meiner Großeltern, und dies schimmert in diesem ersten Brief durch. Es spiegelt sich auch in den Plänen wider. Offensichtlich ist Personal vorgesehen. Zwei Schlafzimmer im Erdgeschoss, wahrscheinlich für ein Zimmermädchen und eine Köchin. Daneben eine kleine Wohnung für den Chauffeur mit eigenem Zugang. Der Gärtner wohnt in einem Nebengebäude.

Was das Haus betrifft, so soll dieses komfortabel und lichtdurchflutet sein. Über zwanzig Mal finden sich in diesem zweiseitigen Brief Verweise auf Beleuchtung, Steckdosen und Kraftstromanschlüsse, die die Installation neuer Maschinen, insbesondere eines «elektrischen Waschkessels», erlaubt. Die Heizung ist selbstverständlich «zentral», nichtsdestotrotz verlangt meine Großmutter einen offenen Kamin im großen Wohnzimmer, das «nicht streng rechteckig, aber mit behaglichen Ecken ausgestattet sein» soll. Ihre detaillierten Beschreibungen beziehen sich sogar auf den Bodenbelag, der in den Schlafzimmern aus Kautschuk bestehen soll. Die Küche soll so geräumig sein «wie [jene] in Ville d'Avray», das Anrichtezimmer größer. Dieser Satz ist von Bedeutung. Neben dem Interesse meiner Großmutter an der Küche – was mich nicht verwundert, da sie das Kochen liebte – beweist er, dass sie die «Villa Church» besucht hatte, die Le Corbusier gerade in Ville d'Avray fertiggestellt hatte [siehe nebenstehendes Bild].

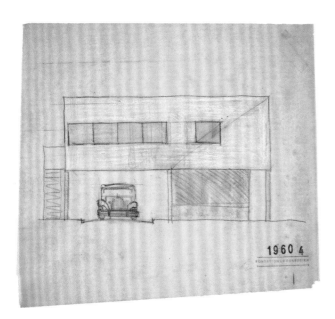

Skizze vom Haus mit untergestelltem Auto

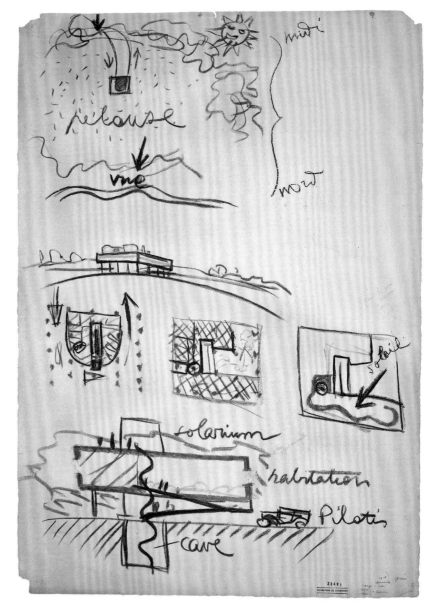

Zeichnungen von Le Corbusier für einen Vortrag in
Buenos Aires (1929), gezeigt in: *Précisions*

Mit der Wahl Le Corbusiers wusste meine Großmutter also genau, was sie erwartete. Sie hatte sich eindeutig für ein modernes Haus entschieden. Schließlich geht genau dies aus dem Brief hervor. Ohne sich dessen überhaupt bewusst zu werden, strömt dieser nahezu banale Brief eine erstaunliche Modernität aus: Die Familie ist bereits eine Kernfamilie, bevorzugtes Fortbewegungsmittel ist das Automobil, Hin- und Rückfahrt nach Paris erfolgen an einem Tag, die Frauen sitzen am Steuer, sind unabhängig und sie kochen – wenn sie dabei auch Hilfe beanspruchen –, wann immer ihnen der Sinn danach steht. Darüber hinaus treiben sie Sport. Als exzellente Schwimmerin hatte meine Großmutter die Bucht von Saint Jean-de-Luz durchquert und begeisterte sich, wie auch mein Großvater, für den Golfsport.

Meine Großeltern waren weder hochgebildet noch visionär noch fortschrittsbegeistert – aber sie waren modern, zutiefst modern. Dabei handelte es sich nicht um eine Haltung oder einen Circulus vitiosus, sondern schlicht und ergreifend um ihre Art zu leben. Auf dieser Ebene werden sie Le Corbusier begegnen. Später wird der Architekt über sie sagen, dass sie «frei von jeder vorgefassten Vorstellung» seien – so groß war die Freiheit, die sie ihm gewährten! Diese Tatsache ist nicht unwesentlich und verdient es, einen Augenblick bei diesen unkonventionellen Bauherren zu verweilen.

Wenn Pierre und Eugénie Savoye im Jahr 1928 auch ungebunden, reich und gelassen waren, so ist dies nicht immer so gewesen. Der Erste Weltkrieg lag zehn Jahre zurück. Zu dessen Beginn im Jahr 1914 war mein Großvater, den ich nicht kennenlernen sollte, 34 Jahre alt. Er hatte einen Sohn, meinen Vater, damals ein Kind von sieben Jahren. Während der vier Kriegsjahre wurde Pierre Savoye mobilisiert. Sein Alter und Status als Vater bewahrten ihn zweifelsohne vor den vordersten Linien, das Grauen aber erfuhr auch er. Wie alle Männer, die den Krieg überlebt hatten, prägte dieser sein weiteres Leben. Was er sich vor allem von diesem Krieg bewahrte, war die Vorstellung, dass die Deutschen, die bereits 1870 Frankreich überfallen und besiegt hatten, immer wieder zurückkommen würden und dass es nichts nützte, Eigentümer eines Hauses zu sein, dessen Zerstörung zwangsläufig bevorstünde. Und stets fügte er mit einem Lächeln in den Mundwinkeln hinzu, dass die Versicherer niemals die Kriegsschäden zurückerstatten würden. Er wusste, wovon er sprach. Er wusste nicht, wie sehr ihm die Geschichte recht geben sollte.

Roger, der Sohn von Pierre und Eugénie Savoye

Lieber Herr Savoye,
anbei erhalten Sie die Blaupausen des dritten Entwurfs Ihres Hauses in Poissy.

Wir haben die Reduzierungen vorgenommen, mit denen wir das angestrebte Budget wohl einhalten dürften. Monsieur Cormier liegen die neuen Pläne vor.

Gestatten Sie uns, Ihnen unsere Vereinbarung zur Unterschrift vorzulegen. Sie erhalten sie in doppelter Ausfertigung, und wir würden Sie bitten, ein Exemplar zu bewahren.

Zusätzliche Arbeit ließ uns diese Zusendung, von der wir zu Beginn unseres Vertragsabschlusses gesprochen hatten, übersehen.

Wir wären Ihnen sehr verbunden, wenn Sie uns die vorgesehene Anzahlung begleichen könnten.

Mit vorzüglicher Hochachtung

Le Corbusier
et P. JEANNERET
ARCHITECTES
35, RUE DE SÈVRES
PARIS
TÉL. FLEURUS 29-04

21 déc 1928

Monsieur Savoye
105 rue de Courcelles
E.V.

Cher Monsieur.

Nous vous faisons parvenir les tirages (bleus) de la 3ème étude de votre maison à Poissy. Nous avons opéré les réductions qui nous semblent permettre d'atteindre au prix proposé. Mr Cormier est en possession des nouveaux plans.

Nous nous permettons de remettre à votre signature notre convention en double dont vous voudrez bien garder conserver un exemplaire.

Un surcroît de travail nous avait fait omettre cet envoi dont nous vous avions parlé au début de nos transactions.

Vous nous obligeriez vivement en nous faisant parvenir l'acompte prévu.

Veuillez agréer, Cher Monsieur, nos salutations très dévouées

Plans N° 2054, 55, 56, 57, 58.

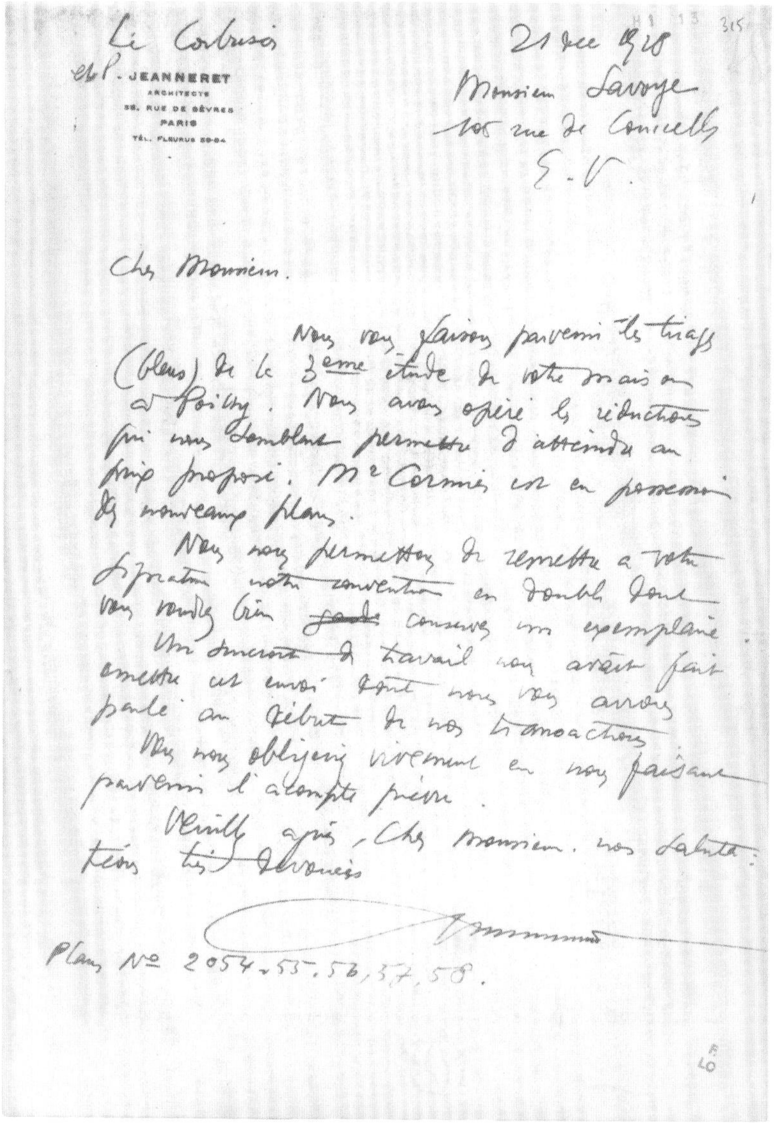

Begleitbrief an Pierre Savoye zu den Bauplänen des dritten Entwurfs. Unterzeichnet von Jeanneret 21. Dezember 1928

Getreu diesem Prinzip blieb er sein Leben lang Mieter, und die Villa Savoye sollte das einzige Haus bleiben, das er besaß. Um ganz genau zu sein: Er kaufte zwei Landgüter, die er seiner Frau schenkte. Diese waren Geschenke und zugleich Investitionen, da meine aus Lille stammende Großmutter erdverbunden war und Bäume und bestelltes Land liebte. Im Januar 1888 geboren – und somit drei Monate jünger als Le Corbusier –, war sie eine intelligente, lebhafte und autoritäre Frau. Ihre Kindheit war sicher schwierig gewesen: Nach der Scheidung ihrer Eltern hatte die Mutter erneut geheiratet. Für ein Kind geschiedener Eltern muss dies, am Ende des 19. Jahrhunderts und noch dazu in der französischen Provinz, nicht leicht gewesen sein. Später lehnte die Familie ihres Vaters, insbesondere ihre steinreichen, kinderlosen Onkel, meinen Großvater aus undurchsichtigen Gründen ab, was zur Folge hatte, dass meine Großmutter um eine bedeutende Erbschaft gebracht wurde. Sie widersetzte sich und heiratete diesen Mann, den sie zutiefst lieben sollte.

Mein Großvater seinerseits stammte aus der nordfranzösischen Bourgeoisie. Als ältestes von sechs Kindern fand er sich als 18-Jähriger nach dem Tod des Vaters im Jahr 1898 an der Spitze des einst mit Brauerei und Hopfenhandel florierenden Familienunternehmens wieder. Recht schnell kam das Geschäft zum Erliegen, und die Familie geriet in ernste finanzielle Schwierigkeiten, die die familiären Beziehungen beeinträchtigten.

Als mein Großvater 1906 heiratete, war er noch Hopfenhändler. Im darauffolgenden Jahr wagte er sich – ohne dass man wüsste, warum, und gemeinsam mit einer Familie von Versicherungsträgern aus Lille – an die Versicherungsvermittlung und führte diese im Wesentlichen in Großbritannien entwickelte Tätigkeit in Frankreich ein. Ab 1918 weitete sich dieses Geschäft aus, die Entwicklung war rasant.

1928 ist er reich, aber nicht Krösus, sein Vermögen hat er neu erworben. Seine Arbeit beansprucht ihn ganz und gar, und so widmet er der Baustelle nur wenig Zeit. Dieses Haus ist eindeutig das seiner Frau, wenn er auch aufmerksam die Wahl der Unternehmen verfolgt – er setzt das Generalunternehmen Cormier durch – und die Baukosten überwacht.

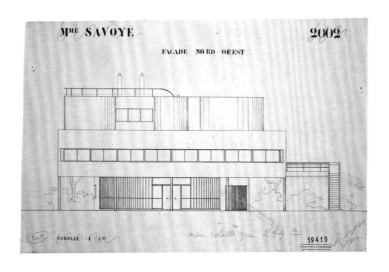

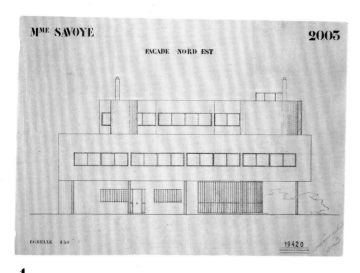

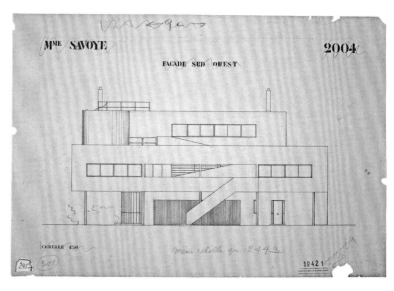

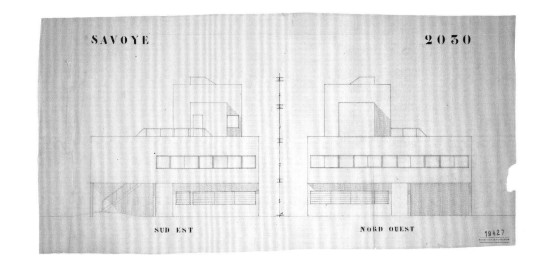

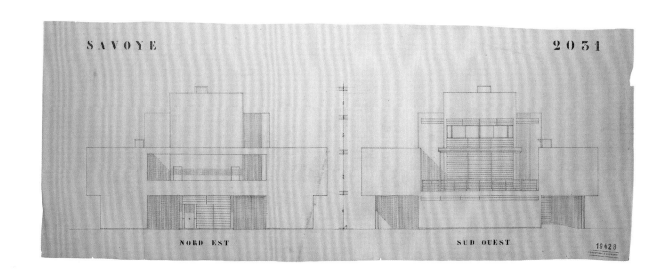

245

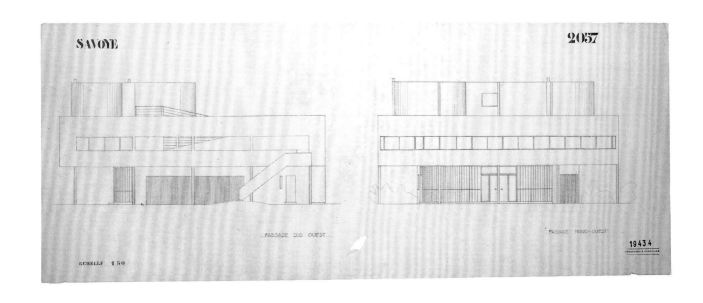

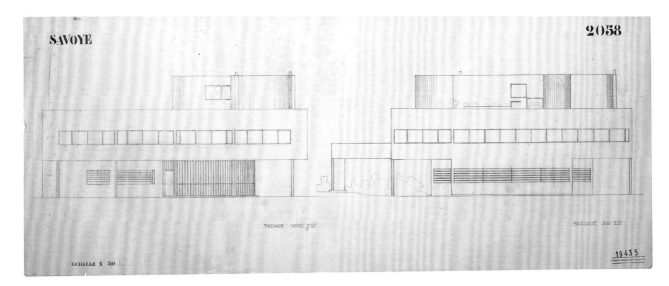

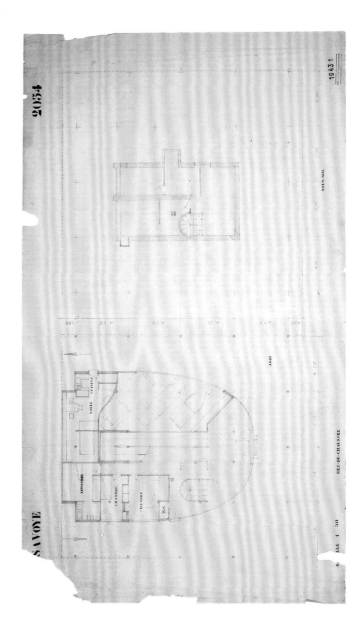

1924 scheint meine Großmutter beruhigt. Sie hat eine Operation über-standen, die so ernst war, dass sie sie zum Verfassen ihres Testaments veranlasst hatte. Nun ist sie wieder in bester Verfassung. Die alten Fami-lienstreitigkeiten sind Vergangenheit. Ihr einziger Sohn wird allmählich erwachsen; er ist nun 21 Jahre alt und scheint in der Lage zu sein, eines Tages die Nachfolge seines Vaters anzutreten. Kurz gesagt: In diesem Juni des Jahres 1928 zeigt sich das Leben meiner Großeltern zum ersten Mal von der guten Seite. Meine Großmutter ist nun eine schöne Frau von 40 Jahren. Ihr Ehemann erfährt mit seinen 48 Jahren einen fulminanten Erfolg. Die Zukunft gehört ihnen. Frankreich lebt seit zehn Jahren im Frieden. Es prosperiert und erlebt die Aufregung der «Années folles». Der Himmel ist wolkenlos, die Zeit unbeschwert, und so werden sie auch ihrem Haus den Namen «Die sonnigen Stunden»* geben.

Zweifellos wird hierin einer der Schlüssel zur Schönheit dieser Villa liegen. Der Architekt steht vor Bauherren, die sich ein Landhaus wünschen, das zu jenem Zeitpunkt ihrem glücklichen Leben entspricht. Alles soll einfach, praktisch, modern und komfortabel sein – was sich alles im Bauplan widerspiegeln wird.

Im Oktober 1928 wird meinen Großeltern ein erster Entwurf vorgelegt. Sie lehnen ihn, insbesondere aufgrund der zu hohen Kosten, ab. Einen Monat später liegt ihnen ein zweiter Entwurf vor, der aber auch wieder auf Miss-billigung stößt. Der dritte Entwurf jedoch findet Zustimmung: Er ähnelt dem ersten, wenngleich er auch die zweite Etage eingebüßt hat. Im Lauf der Arbeiten wird er sich noch deutlich verändern, mit dessen Annahme aber beginnt der Bau. Mit geschätzten Baukosten von 558 690 Francs liegt er deutlich unter dem ersten Kostenvoranschlag von 851 520 Francs. Bekannt ist allerdings, dass zahlreiche Überschreitungen schließlich dazu führen sollte, dass die Villa sicher so viel kostete, wie für die ersten Entwürfe vorgesehen war.

In der Auftragserteilung gestalten sich die Bitten meiner Großmutter sehr präzise. Der bereits beschriebene Wille zum Komfort zeichnet sich deutlich ab. Man denke an die Angaben zu Elektrizität oder Zentralheizung. Ich komme allerdings nicht umhin, mir über das Bad Gedanken zu machen. Meine Großmutter wünschte sich einen großen Spiegel. Sie sollte ihn nicht haben. Was hingegen dachte sie wohl über diese in Mosaik ausgearbeitete, in den Boden eingelassene Badewanne, die eine entfernte Ähnlichkeit mit einem türkischen Bad hat? Und was ist von diesem Ruhebereich zu halten, der die Form der Chaiselongue annimmt, die einige Monate zuvor zusammen mit Charlotte Perriand entworfen worden war? Ruhte sich meine Großmutter, nachdem sie ein heißes Bad genommen hatte, vielleicht darauf aus? Oder wartete sie genießerisch, dass ihr Mann seines beenden würde?

Was ist davon zu halten, dass zwischen Schlafzimmer und Bad eine Wand fehlt und lediglich ein Schiebevorhang als Raumtrennung fungiert, als ob es keine Grenze gäbe zwischen den Bereichen für Körperpflege, Ruhen und Sinnenfreude? Dieses Ensemble strömt eine offensichtliche nahezu fröhliche Sinnlichkeit aus, die mit den klaren Linien dieses fast nüchternen Hauses kontrastiert. Ohne gegen das Schamgefühl zu verstoßen, werde ich – auf glückliche Weise – den Gedanken nicht los, dass meine Großeltern Gefallen am Leben fanden!

Blick vom Schlafzimmer auf das Badezimmer

Ebenso erstaunlich ist der Raum, der dem Automobil eingeräumt wird. Bekannt ist Le Corbusiers Begeisterung für diese modernen Fortbewegungsmittel und seine Überzeugung, diese in den Entwurf einzubeziehen, da sie unsere Lebensweise tiefgreifend verändern würden. 1930 wird er in einem Artikel für eine deutsche Zeitschrift das Automobil als neuen bestimmenden Faktor für die Mindestmaße eines Hauses bezeichnen.

Auch hier spiegelt sich die Vision des Architekten völlig in der Anfrage meiner Großeltern wider. Gewiss, die Stützen sind auf Le Corbusier zurückzuführen. Die Idee aber, mit dem Auto anzukommen und direkt im Haus zu parken, ohne dabei manövrieren zu müssen, ist mit Gewissheit von meiner Großmutter angeregt worden. Obwohl sie ihre Erlaubnis zur Führung eines kraftstoffbetriebenen Wagens bereits 1924 erhalten hatte – was sie mit großem Stolz erfüllte –, war sie eine miserable Autofahrerin. Denke ich an die Sechzigerjahre zurück und daran, wie sie am Steuer ihres Peugeot 203 saß, so möchte ich eines gerne glauben: Dass es ihr erspart blieb, den Rückwärtsgang einzulegen, muss sie sehr geschätzt haben!

Ein Wort über den Parkplatz und das Zimmer des Chauffeurs. Die Garage muss drei Autos aufnehmen können: jenes meiner Großmutter, jenes meines Großvaters und jenes meines Vaters, das sicher nicht lange auf sich warten ließe. 1928 ist das für eine lediglich dreiköpfige Familie sehr viel. Aber meine Großmutter liebt ihre Unabhängigkeit und will nach Poissy fahren können, wann immer sie möchte. Was meinen Großvater betrifft, so fährt er selbst nicht mehr: Er hatte, während er am Lenkrad saß, seinen Bruder Jean durch einen Kurbelrückschlag unter seinen Augen sterben sehen. Seit diesen düsteren Stunden hat er einen Chauffeur, der eben auch sein eigenes Zimmer bewohnt.

Die Arbeiten erstrecken sich über das ganze Jahr 1929. Meine Großeltern folgen aufmerksam den Bauarbeiten, und so finden sich Bemerkungen über die Breite der Türen, die zu schmal erscheinen, oder über die Stärke der von ihnen als zu dünn beurteilten Zwischenwände als Beweise wieder. Einen größeren Zwischenfall scheint es nicht gegeben zu haben. Le Corbusier erbittet regelmäßig die Begleichung seines Honorars, sehr Außergewöhnliches aber fällt nicht vor. Als meine Großmutter die Art und Weise, in der der Zugangsweg zum Haus erstellt wird, infrage stellt, gibt ihr Le Corbusier recht und weist das mit diesen Aufgaben beauftragte Unternehmen in einem Schreiben an, seine Bauherren zufriedenzustellen. Er erklärt: «Monsieur Savoye ist der liebenswürdigste Bauherr, den wir bisher gehabt haben» (Brief vom 17. Juli 1930).

Erkennen meine Großeltern die Außergewöhnlichkeit des entstehenden Hauses? Nicht unbedingt; fest steht aber, dass sie weder die Pläne abwandeln werden noch jemals erschrecken über das, was aus der Erde emporwächst. Es ist sogar meine Großmutter, die in einer Ausstellung die Beleuchtung ausfindig macht, die sie für den Wohnraum des Hauses wünscht.

Le Corbusier hingegen ahnt bereits, dass sich ein außergewöhnliches Werk im Bau befindet. So schreibt er seiner Mutter am 21. Februar 1929: «Wir beginnen mit den Erdarbeiten für eine schöne Villa in Poissy.» Am 25. April 1930 merkt man ihm seinen Enthusiasmus in folgenden erneut an seine Mutter gerichteten Zeilen an: «Das Haus in Poissy wird ein kleines Wunder werden. Es ist eine Schöpfung.»

In einem Brief vom 31. Dezember 1929 erachtet das Generalunternehmen Cormier die Arbeiten für abgeschlossen. Gewiss aber sind noch viele Details nicht zum Abschluss gebracht. Der Kautschukbelag auf der Rampe ist im September 1930 noch nicht verlegt, was jedoch meine Großeltern nicht davon abhält, in das Haus einzuziehen. Dies belegt eine Karte Le Corbusiers vom 28. Juni 1930: «Es hat mich gefreut, Ihr Haus angenehm bewohnt zu sehen.»

«DAS HAUS IN POISSY WIRD EIN KLEINES WUNDER WERDEN. ES IST EINE SCHÖPFUNG.» LE CORBUSIER

Waren sie dort glücklich? Eine Frage, die sich nur schwer beantworten lässt. Kein einziges Dokument, weder Foto noch Filmdokument, ist uns als Beweis erhalten. Sicher aber ist, dass sie ein sichtliches Vergnügen hatten, Golf zu spielen. Meine Mutter konnte sich daran erinnern, wie mein Großvater auf dem Rasen vor dem Haus nochmals den Putt spielte, der ihm beim nahe gelegenen Golfverein von Saint-Germain, dessen langjährige Mitglieder sie waren, gelungen war.

Es freute sie auch, ihre Freunde aus dem Norden Frankreichs zu empfangen, mit denen sie Geschäftsbeziehungen pflegten. Im Übrigen waren sie auch über diesen Weg nach Poissy gekommen: Mein Großvater versicherte das Kuhlmann-Werk. Es handelte sich hierbei zweifelsohne um das seinerzeit größte französische Chemieunternehmen, das sich zu Beginn des 19. Jahrhunderts in Lille niedergelassen hatte. Die Familie Kuhlmann hatte ein beachtliches Imperium geschaffen, das sich von der Chemie, durch die Gründung von Crédit du Nord, bis zum Bankwesen erstreckte. 1928 kaufte der Kuhlmann-Konzern das Landgut, die Domaine de Villiers, ein schönes, in einem 55 Hektar großen Park gelegenes Schloss aus dem 18. Jahrhundert. Eines Tages kam der Firmenchef des Kuhlmann-Konzerns auf meinen Großvater zu und sagte: «Pierre, da Sie ja einen Platz suchen, um ein Haus zu bauen, kommen Sie doch nach Poissy! Ich werde ihnen einen Teil des gerade von uns erstandenen Landguts abtreten.»

So wurde die Domaine de Villiers in drei Parzellen aufgeteilt. 28 Hektar verblieben beim Schloss, das zu einer Einrichtung für die Angestellten des Kuhlmann-Konzerns umfunktioniert wurde, 20 Hektar kaufte die Familie Agache zurück – eine sehr große Familie von Spinnereibesitzern aus Nordfrankreich, die durch Heirat mit der Familie Kuhlmann verbunden waren – und 7 Hektar waren für meine Großeltern bestimmt. Die Familie Agache ließ einen gewaltigen Kasten errichten, bestehend aus mehreren Häusern im neonormannischen Stil mit Fachwerk und Eckturm. Ein schönes Bauwerk, so prunkvoll und klassisch wie langweilig. Auf diesen Höhen von Poissy fand sich folglich alle Wochenenden, bei unverbaubarem Blick auf die Seine, ein Konzentrat nordfranzösischer Bourgeoisie ein. Man lud sich gegenseitig ein, empfing die Freunde und pflegte Beziehungen, die stets der Entwicklung von Geschäften dienlich sind.

Von dieser kleinen Welt sollte mein Großvater am meisten profitieren. Er, von dem man – wenn man keine Anachronismen scheut – sagen könnte, dass er der Kopf eines blühenden Start-ups war, das erst im Schatten dieser Dynastie, mit ihren ihm an Reichtum und Macht unendlich überlegenen Mitgliedern, gedeihen konnte.

Die Verlobung meiner Eltern im Frühjahr 1939 war einer der letzten glücklichen Augenblicke. Im Kreise der beiden Familien gefeiert, veranlasste sie den Vater meiner Mutter, einen selbstbewussten Rechtsanwalt aus Bordeaux, zu jener definitiven wie – ganz seinem Wesen entsprechenden – kategorischen Bemerkung: «Mein Liebling, ich bedaure, dass du nun zu einer Familie gehörst, die ein derartiges Haus erbauen ließ.»

Was diese Jahre aber auch prägt und zweifelsohne wohl einen Teil der Lebensfreude in diesem Haus nimmt, sind die Mängel, über die meine Großmutter nicht aufhört sich zu beschweren. Ein Rügebrief folgt dem anderen. Hauptsorge stellt die Heizung dar. 1934 sind meine Großeltern beunruhigt. Sie lassen einen befreundeten Ingenieur kommen, der sich mit dem Problem auseinandersetzt und dessen Empfehlungen umgesetzt werden. Das Anliegen liegt schwer, da mein Vater nach einem im Sanatorium verbrachten Jahr zurückgekehrt ist und die Sorge besteht, dass er während dieses Winters 1934 frieren wird. Auch die Probleme mit der Dichtheit erschweren das Leben. Am 7. September 1936 teilt meine Großmutter Le Corbusier schriftlich mit: «Es regnet auf die Rampe, es regnet in die Garage, und die Garagenwand ist vollkommen durchnässt.»

Mit der Zeit nimmt die Gereiztheit spürbar zu. Am 7. September 1937 schreibt sie, der wirkungslosen Beschwerden überdrüssig: «Es findet sich immer jemand bei Ihnen, der mir Besucher schickt, aber niemand, der meine Briefe beantwortet.» Am 11. Oktober desselben Jahres schlägt die Verärgerung nahezu in Wut um. Nachdem sie den Architekten an seine zehnjährige Gewährleistungsverpflichtung erinnert hat – und hier gibt sich die Frau des Versicherers zu erkennen, die sehr wohl weiß, wovon sie spricht –, fügt sie hinzu: «Sorgen Sie bitte sofort dafür, dass [dieses Haus] bewohnbar wird. Ich wage zu hoffen, dass ich keine rechtlichen Mittel in Anspruch nehmen muss.»

7. September 1936

Sehr geehrter Herr Le Corbusier,
ich hoffe, dass Sie aus den Ferien zurückgekehrt sind und nach Poissy kommen können.

Es regnet auf die Rampe, es regnet in die
Garage, und die Garagenwand ist vollkommen
durchnässt.

Außerdem regnet es in mein Badezimmer, das
bei jedem Regen unter Wasser steht; das Wasser
dringt durch das Deckenfenster ein.

Auch beim Gärtner sind die Wände voller
Wasser. Ich möchte, dass all dies, während ich
noch hier bin, in Ordnung gebracht wird. Ich
werde diese Woche bis auf Mittwochnachmittag
und Donnerstagvormittag alle Tage in Poissy
sein.

Ich würde Sie bitten, Ihren Besuch mit einem
kurzen Anruf anzukündigen.

Mit freundlichen Grüßen

31. Oktober 1937
Monsieur Savoye

Lieber Herr Savoye,
diese Zeilen vervollständigen meinen gest-
rigen Brief, den ich nach meiner Rückkehr aus
Brüssel in einem kurzen freien Augenblick
diktiert hatte.

Folgendes muss ergänzt werden:

Im Falle, dass die vorgeschlagenen Umgestal-
tungen nicht zu Verbesserungen an der Nordwand
führen, müssten wir die Wand von innen mit
3 bis 4cm dickem Holz verkleiden.

Ich möchte Ihnen ferner die Gewissheit geben,
dass wir das Bestmögliche zu tun wünschen,
um Sie zufriedenzustellen. Betrachten Sie uns
als Freunde Ihres Hauses. Im Übrigen möchte
ich einfach nur ein Freund von Ihnen bleiben,
waren unsere Beziehungen doch immer von vollem
Vertrauen geprägt. Ich bin der Freund meiner
Bauherren und habe es immer zu bleiben.

31 octobre 1937   177

Monsieur Savoye

Cher Monsieur
   Ce mot complète ma lettre
d'hier dictée à mon retour de Bruxelle
dans un bref instant disponible.
   Il faut ajouter ceci :
Au cas où les aménagements proposés
laisseraient encore persister un manque
de confort au mur nord, nous y
ferions installer un placage de bois
à 3 à 4 cm du mur, à l'intérieur.

   Je désire par ailleurs, vous donner
la certitude que nous désirons faire
au mieux pour vous satisfaire et
que vos devez nous considérer comme
les amis de votre maison ; je désirerai
d'autre part demeurer un ami
tout court de vous, nos relations

ayant toujours été de pleine
confiance . Je suis et je
dois toujours demeurer l'ami de
mes clients .

        v. dévoué
        Le Corbusier

Paris, den 24. März 1939

Sehr geehrter Herr Le Corbusier,
gestern bin ich bei schlechtem Wetter nach Poissy gekommen und habe folgende Mängel bemerkt, die ich Sie so schnell als möglich zu beheben bitte:

1. Im Zimmer meines Sohnes ist eine Fliese zerbrochen und im Fenster hat sich eine Latte angehoben.

2. Das Fenster des Boudoirs ist auf der Terrassenseite undicht, sodass das Boudoir unter Wasser steht.

3. Der Regen verursacht am Fenster oberhalb meines Waschbeckens einen solch höllischen Lärm, dass wir bei schlechtem Wetter nicht schlafen können.

4. Der obere Teil der Rampe im Vestibül, an der Seite der Terrassentür, steht unter Wasser.

5. Bei der Rampe fehlt bei einem Fenster das letzte kleine Glasdreieck, was auch zu einer Überschwemmung führt.

6. Die Garage steht unter Wasser, innen an der Stelle beim Regenwasserfallrohr, auch an der Garagentür. Im gesamten Übergang von der zweiten zur dritten Stütze ist die Decke vollständig durchnässt.

Es müssen also dringend, noch vor Abschluss der Malerarbeiten, Maßnahmen ergriffen werden.

Wir haben über den Bau des Zugangsweges nachgedacht. Monsieur Cormier machte uns den folgenden Vorschlag: Planum 0,10m, Schlacke- und Kalksteinschicht auf 0,15 oder 0,20m Unterbau 0,10m Schotter; Sand, Trocknung, Beregnung und Walzen zu 25F pro m²; es handelt sich um ca. 600m² zum neuen Kostenvoranschlag.

Wir akzeptieren nicht den von Monsieur Crépin unterbreiteten Preis von 28F je m², sind aber bereit, ihm für die gleiche Leistung 25F den m² für die Straßenarbeiten und die Rodungsarbeit zu geben, wobei als selbstverständlich gilt, dass im Falle neuer Wurzelschößlinge im nächsten Jahr die Rodungskosten zulasten von Monsieur Crépin gehen. Kann er die Arbeiten zu diesem Preis von 25F nicht ausführen, werden wir ein anderes Gartenbauunternehmen suchen.

Ich würde Monsieur Crépin, sofern er einverstanden ist, bitten, uns eine detaillierte Aufstellung der Wegearbeit nach den Angaben von Monsieur Cormier zu schicken.

Mit freundlichen Grüßen
E. Savoye

Dieser trockene Brief verleitet Le Corbusier am 31. Oktober zu einer außergewöhnlichen Antwort an meinen Großvater: «Betrachten Sie uns als Freunde Ihres Hauses. Im Übrigen möchte ich einfach nur ein Freund von Ihnen bleiben.»

Die Situation verbessert sich jedenfalls nicht. In einem letzten uns bekannten Brief vom 4. November 1939 an den Architekten bittet meine Großmutter ihn um die Baupläne, um nicht jedes Mal, das heißt sehr häufig, wenn Reparaturen anstehen, sein Büro kontaktieren zu müssen. Zu den wiederholt auftretenden Problemen mit Heizung und Abdichtung führt meine Mutter die extreme Hellhörigkeit zwischen den einzelnen Räumen an.

Im September 1939, kurz nach der Kriegserklärung, ließ sich die Familie, das heißt meine Großeltern, mein Vater und meine Mutter, die ihr erstes Kind erwartete, in Poissy nieder. Wie so viele Pariser glaubten auch sie an die drohende Bombardierung der Hauptstadt durch die deutsche Armee. Mein Großvater und mein Vater gingen jeden Tag nach Paris zum Arbeiten, meine Mutter vertrieb sich die Zeit, so gut sie konnte. Sie sympathisierte mit dem Gärtner, der ihr opulente, mit salziger Butter bestrichene Brote zubereitete, die sie mit Radieschen aus dem Garten aß.

Die Tage wurden kürzer, Feuchtigkeit breitete sich aus, die Kälte hatte sich in diesem schwer zu heizenden Hause festgesetzt, und um all dem noch die Krone aufzusetzen, hatte die passive Verteidigung angeordnet, alle Fenster des Hauses mit Methylenblau zu färben. Die Stimmung schlug in Trostlosigkeit um. Es war das Ende der sonnigen Tage.

Als sie sahen, dass Paris nicht bombardiert wurde und der Krieg sich vorerst nicht wirklich als einer zeigen sollte, entschieden sich meine Eltern gegen Ende Oktober, nach Paris zurückzukehren. Meine Großeltern sollten ihnen kurz danach folgen.

Im Mai 1940 begann der Kampf in Frankreich, und man sollte annehmen, dass die Familie erneut in Poissy Schutz gesucht hätte. Doch dieses lag zu nah an Paris. Aus Sicherheitsgründen war meine Mutter nach Bordeaux zurückgekehrt, um niederzukommen. Mein Vater und mein Großvater waren mit dem Umzug der Büros in die «zone libre», die freie Zone, in Anspruch genommen.

So sollten die Deutschen das Haus beschlagnahmen, das ideal liegt, um das Tal der Seine und die nicht weit entfernten, unterhalb gelegenen Ford-Werke zu beobachten. Le Corbusier hatte richtig gesehen, als er das Grundstück folgendermaßen beschrieb: «Auf dem höchsten Punkt der Kuppe gelegen öffnet [das Haus] seine Fenster in alle Himmelsrichtungen. Das Wohngeschoss mit seinem Dachgarten ruht auf Säulen und bietet einen weiten Blick auf den Horizont» (Œuvre complète 1910–1929, S. 186f.). Von einem besseren Beobachtungsposten hätten die Deutschen nicht träumen können. Mein Großvater hatte recht, die Deutschen waren zurückgekommen.

Auf die Deutschen folgten die Amerikaner, die das Anwesen bis Ende August des Jahres 1944 belagerten. Vorstellbar ist, dass ihnen die Villa als Lagerort für Material und Fahrzeuge diente. Bewohnt aber haben sie diese sicher nicht, befand sie sich doch in einem erbärmlichen Zustand. Im Juli 1942 ließ mein Großvater durch eine Amtsperson ein Feststellungsprotokoll erstellen. Alle Heizkörper waren über die Wintermonate zugefroren, viele Fensterscheiben und Fliesen zerbrochen, alle Türen mit Gewalt geöffnet, alles, was in Schienen gleiten sollte, ließ sich nicht mehr bewegen, das Parkett war ramponiert, der Kamin im Salon ebenso, und das Haus war vollständig neu zu streichen. Der Amtsdiener dokumentierte zahlreiche Spuren von Feuchtigkeit, die belegen, dass die Dichtheitsprobleme niemals behoben worden waren.

**«BETRACHTEN SIE UNS ALS FREUNDE IHRES HAUSES.»
LE CORBUSIER**

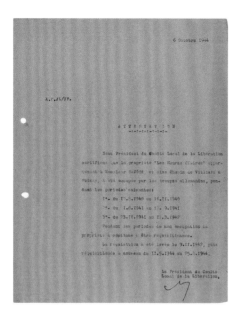

BESCHEINIGUNG

Ich, Präsident des Komitees für die Lokale
Befreiung, bestätige, dass das Anwesen «Les Heures
claires», in Besitz von Monsieur SAVOYE und gelegen
im Chemin de Villiers in Poissy, von deutschen Truppen
während der folgenden Zeiträume besetzt worden war:
1. 12.8.1940 bis 16.11.1940
2. 1.6.1941 bis 17.9.1941
3. 23.11.1941 bis 18.3.1942
Während der Nicht-Besatzungszeit war das Anwesen
weiterhin beschlagnahmt.
Die Beschlagnahmung wurde am 9.11.1942 aufgehoben,
in der Zeit vom 15.5.1944 bis 25.8.1944 kam es zu
erneuter Beschlagnahmung.

Der Präsident des Komitees
für die Lokale Befreiung

Als meine Großeltern drei Jahre später das Haus zurückbekamen, war es
in einem noch verfalleneren Zustand. Es war keine Ruine, immerhin stand
es noch, hätte aber, um erneut bewohnbar zu sein, von Grund auf saniert
werden müssen. Was sie aber nicht taten, und ich neige zu der Auffassung,
dass ihnen nicht einmal die Idee gekommen ist. Dabei wäre dies keinesfalls
eine Frage des Geldes gewesen. Daran mangelte es ihnen nicht. Vielmehr
wussten sie aus Erfahrung, dass dieses Haus schlecht gebaut war und sie
niemals die Schwierigkeiten hinsichtlich des Heizens und der Dichtheit in
den Griff bekommen würden.

Und schließlich war die Zeit vergangen. 1945 ist mein Großvater 65 und seine
Frau 57 Jahre alt. Ihre Energie ist nicht mehr dieselbe. Meine Eltern haben
bereits drei Kinder, und das Haus ist offensichtlich nicht dazu bestimmt, ein
Heim für die Familie zu werden. Das Wesentliche in dieser Nachkriegszeit
dürfte jedoch die Tatsache sein, dass mein Großvater weniger als je zuvor
den Wunsch nach Eigentum hegt, da doch die Deutschen immer wieder-
kehren und die Versicherer für die Kriegsschäden nicht aufkommen würden.
In der Tat sollte er, trotz Feststellungsprotokollen und Bescheinigungen,
niemals für irgendetwas entschädigt werden. Was aber nicht bedeutet, dass
sie Poissy aufgeben sollten, weit gefehlt!

1947 trafen sie die Entscheidung, das Anwesen in einen landwirtschaftlichen Betrieb umzuwandeln. Meine Großmutter hatte bereits von Anfang an
einen ausgedehnten Gemüse- und Obstgarten mit zahlreichen Obstbäumen
angelegt. Die Produkte wurden von der Familie aufgebracht – man stelle
sich vor, dass in diesem Haus Marmeladen gekocht wurden – sowie von dem
Gärtner und dem Personal; der Überschuss wurde sicher an die zahlreichen
Gemüsehändler verkauft, die sich damals ringsumher niedergelassen hatten.

Der Ziergarten sollte sich zu einem regelrechten landwirtschaftlichen Betrieb
entwickeln. Eine sehr detaillierte Inventarliste verrät, was zu jener Zeit ange-
pflanzt wurde: mehr als 2000 Birn- und nahezu ebenso viele Apfelbäume!
Mit der Weisung, den Ertrag zu steigern, wurde ein Vorarbeiter eingestellt.
Er wohnte in der Loge. Was das Haus betrifft, so diente es als Depot für land-
wirtschaftliche Arbeitsgeräte und Lagerplatz für die Ernten.

«SORGEN SIE BITTE SOFORT DAFÜR, DASS [DIESES HAUS] BEWOHNBAR WIRD.» E. SAVOYE

Und so kam es, dass – welch merkwürdige Paradoxie – dieses in seinem Geiste, seiner Form, seinen Materialien und deren Verwendung so moderne Haus durch die herkömmlichste Tätigkeit, die es gibt, vor dem Verfall bewahrt wurde.

Mein Großvater starb im Jahr 1950, auf die Entwicklung der Villa sollte dies jedoch keine Auswirkung haben. Meine Großmutter kam regelmäßig und spielte weiterhin im Golfverein von Saint-Germain, dessen Mitglied sie bis mindestens 1959 blieb. Meine Geschwister, die deutlich älter sind als ich, erinnern sich an so manch sonntägliches Picknick, das im Sommer auf dem Rasen vor dem Haus stattfand. Dieses Leben hätte weiter seinen Lauf nehmen können, wäre da nicht die rasante Entwicklung der Stadt Poissy gewesen. In nächster Nähe zur Villa breitete sich die neue Wohnsiedlung von Beauregard aus, mit ihren lang gestreckten, einheitlich weißen Riegeln mit Sozialwohnungen, die sich über fünf Geschosse erhoben und von denen einer dem anderen glich. Nicht allein die Arbeiter der nahe gelegenen und stark wachsenden Automobilindustrie mussten untergebracht werden, sondern eine Nation im Babyboom. Der Bau eines Gymnasiums blieb folglich nicht aus.

Um die Siedlung von Beauregard herum gab es nur wenig bebaubare Flächen. 1957 ersuchte das Bildungsministerium die Stadt, einen Bauplatz zu finden. Im April desselben Jahres wandte sich der Bürgermeister von Poissy schriftlich mit der Frage an meinen Vater, ob er bereit sei, das Anwesen an die Stadt abzutreten. All dies sollte zu einem Ergebnis führen – wenn auch einige Zeit verstrich, denn zusätzlich zu den üblichen Verzögerungen zeigte meine Großmutter nicht die geringste Lust, Poissy aufzugeben. In einem Brief vom 7. Oktober 1957 schreibt mein Vater an den Bürgermeister: «Meine Mutter kann die Veräußerung dieses Anwesens nicht befürworten. Sie werden sicher genauso gut wie ich verstehen, dass sie sich emotional zutiefst damit verbunden fühlt und den lebhaften Wunsch verspürt, sich ihr Leben lang in aller Ruhe daran zu erfreuen.» Mein Vater sollte jedoch die Tür nicht ganz schließen. Er erkennt den Charakter allgemeinen Interesses des Projekts und meint seine Mutter für den Fall, dass keine anderen Grundstücke zur Verfügung stünden, umstimmen zu können.

Das Bürgermeisteramt aber bleibt bei seiner Entscheidung. Ein Enteignungsverfahren wird eingeleitet, das in einer Enteignungsverfügung wegen öffentlicher Nutzung vom 28. April 1959 gipfelt. Auf das Verfahren werde ich nicht weiter eingehen. Fest steht aber, dass mein Vater und meine Großmutter die Entschädigung, die ihnen bewilligt wird, anfechten und Berufung einlegen. Sie bekommen zum Teil recht, doch wird die Entschädigung für die Bäume und den landwirtschaftlichen Betrieb höher sein als diejenige, die sie für das Haus erhalten!

Anfänglich ist die Rede davon, das Haus schlicht und einfach abzureißen, um das Gymnasium und dessen Sportanlagen zu bauen. Recht schnell mobilisieren sich, mit außergewöhnlicher Wirkungskraft, Le Corbusier und eine Gruppe von Architekten, darunter einige ehemalige Mitarbeiter. Ein Übergangskomitee zum Erhalt der Villa Savoye wird gebildet und eine internationale Petition lanciert. Der Erfolg wird so durchschlagend sein, dass das Gymnasium an anderer Stelle entstehen sollte.

Am 28. Juli 1959 schreibt der Bezirksrat im Rahmen der Enteignung an seinen Anwalt: «Ich möchte Ihnen mitteilen, dass das nationale Bildungsministerium eine ablehnende Stellungnahme abgegeben hat, die vom Kulturminister bestätigt wurde. […] Das Haus LE CORBUSIER soll in der Tat in dem Rahmen erhalten bleiben, in dem es errichtet wurde. Das Bildungsministerium hat mich beauftragt, ein anderes Grundstück für den Bau der Gymnasialgebäude zu finden.» Letztendlich gab es kein anderes Gelände. Die Dringlichkeit, für den Schulbeginn eine rasche Lösung herbeizuführen, wuchs, und die «Pisciacais», die Einwohner von Poissy, wurden allmählich unruhig.

Neben den üblichen anonymen Schmähbriefen, die im Bezirksamt eintrafen («Statt von ‹Kunst› sollte man eher von der KNETE sprechen, die Le Corbusier mit seinen widerlichen Aktionen verdient!»), fanden einige, dass den Kindern Vorrang gegeben werden müsste. So lautete es im Mai 1959 in der Monatszeitschrift der christlichen Gemeinde von Beauregard ohne Umschweife: «Die Anhänger Le Corbusiers werden sich ganz gewiss Millionen verschaffen, um einige Betonwände zu bewahren. Aber wird man

Monatszeitschrift der katholischen Gemeinde von Beauregard, Mai 1959

Imbécilité Humaine

Avant de parler "art" parlez POGNON que "gagne" Le Corbusier ? dans ses manifestations ignobles ?

Attendez vous peu la catastrophe d'un projet réalisé de Le Corbusier... qui gardera sa galette !

Anonymes Schreiben

COMITE PROVISOIRE DE SAUVEGARDE   Paris, le 11 mars 1959.
DE LA VILLA SAVOYE.

La Villa Savoye de LE CORBUSIER à Poissy est en danger.

La Commune a engagé une procédure d'expropriation du terrain et de la Villa afin de construire un lycée.

La première décision d'expropriation sera prise le 17 de ce mois.

Nous sommes décidés à tout mettre en oeuvre pour empêcher cet acte de vandalisme.

Nous vous appelons à faire parvenir vos protestations à l'attaché culturel de votre pays à Paris et à notre comité de sauvegarde.

Nous vous appelons à soutenir notre action pour assurer la remise en état de la Villa et pour nous permettre de rechercher sous la direction de monsieur LE CORBUSIER, une solution définitive d'affectation pour cette maison.

LE COMITE PROVISOIRE DE SAUVEGARDE
DE LA VILLA SAVOYE

R. AUJAME, W.BODIANSKY, D.CHENUT, N.EFFRONT, J.FLOM, A.JAEGGLI, A.KOPP, G.LAGNEAU, C.PERRIAND, J.C.PETITDEMANGE, PREVERAL, H.QUILLE, P.RIBOULET, RENAUDIE, E.SCHREIBER-AUJAME, G.THURNAUER, VERET.

Die Villa Savoye von LE CORBUSIER ist gefährdet.

Die Kommune hat ein Enteignungsverfahren von Grundstück und Villa eingeleitet, um ein Gymnasium zu bauen.
Der erste Enteignungsbeschluss wird am 17. dieses Monates ergehen.

Wir sind entschlossen, nichts unversucht zu lassen, um diesen Akt des Vandalismus zu verhindern.

Wir fordern Sie auf, Ihre Protestschreiben an den Kulturattaché Ihres Landes in Paris sowie an unser Komitee zur Rettung der Villa zu schicken.

Wir fordern Sie auf, unsere Aktion zu unterstützen, um die Wiederinstandsetzung der Villa zu gewährleisten und uns zu ermöglichen, unter der Leitung von Monsieur LE CORBUSIER eine endgültige Lösung für eine Bestimmung dieses Hauses zu suchen.

ÜBERGANGSKOMITEE ZUR RETTUNG
DER VILLA SAVOYE

MR. R. AUJAME, W. BODIANSKY, D. CHENUT, N. EFFRONT, J. FLOM,
A. JAEGGLI, A. KOPP, G. LAGNEAU, C. PERRIAND, J.C. PETITDEMANGE,
PREVERAL, H. QUILLÉ, P. RIBOULET, RENAUDIE, E. SCHREIBER-
AUJAME, G. THURNAUER, VERET.

Internationale Petition zur Rettung der Villa Savoye, die am 11. März 1959 von 17 Architekten eingereicht wurde

LE MINISTRE D'ÉTAT
CHARGÉ DES AFFAIRES CULTURELLES

H 1- 12
254

PARIS, LE 20 Mai 1960

3, RUE DE VALOIS

Monsieur LE CORBUSIER
Architecte
35, rue de Sèvres
PARIS

23 Mai 1960

Cher Le Corbusier,

       Bernard Anthonioz suit
très attentivement les opérations admi-
nistratives qui concernent la villa
Savoye, et pourra faire le point avec
vous.

       Bien amicalement.

              André MALRAUX

F
LC

Brief des Kulturministers André Malraux an Le Corbusier vom 20. Mai 1960

auch die nötigen Hilfsgelder auftreiben, um die heranwachsenden Jungen und Mädchen, die im Jahr 2000 unsere Erwachsenen sein werden, auszubilden?»

Le Corbusier verfolgt all dies sehr aufmerksam. In einem Brief vom 10. März 1959 hält er meinen Vater über das Enteignungsverfahren auf dem Laufenden und schildert ihm alle Aspekte. Ganz offensichtlich nahm mein Vater an, dass die Enteignung unabwendbar sei, zog aber den Erhalt des Hauses und eine Entschädigung durch das Kulturministerium vor. Im Übrigen weiß ich, dass durch die Vermittlung eines seiner besten Freunde Kontakt zum Glashersteller Saint-Gobain bestand, der eine Stiftung hätte gründen können. Leider blieb dieses Vorhaben ergebnislos.

Auch Le Corbusier versuchte Gelder zu mobilisieren. Seine erklärte Absicht war es, in diesem Haus seine eigene Stiftung unterzubringen. Das Vorhaben zog weite Kreise: 1966, ein Jahr nach dem Tod des Architekten, setzte die Präfektur von Seine-et-Oise eine «Voruntersuchung zur Gemeinnützigkeitserklärung im Hinblick auf den Bau einer Fondation Le Corbusier» in die Tat um. Schließlich kamen alle Parteien zu einer Einigung. Das Gymnasium wurde gebaut und die Villa – mit der unbeugsamen Unterstützung keines Geringeren als André Malraux – erhalten. Das Einstufungsverfahren zum Inventar historischer Baudenkmäler begann im Jahr 1964, also noch – was nur äußerst selten vorkommt – zu Lebzeiten Le Corbusiers. Die Fondation wurde gegründet, ließ sich aber letzten Endes im Maison La Roche nieder, das der Architekt 1924 in Paris gebaut hatte.

Nach zwei langen aufeinanderfolgenden Sanierungsaktionen, zunächst unter der Leitung von Jean Dubuisson (ab 1963) und im Anschluss von Jean-Louis Veret (1985–1992), dem unter anderem der Erhalt der Villa zu verdanken ist, empfängt dieses Haus im Jahr Zehntausende von Menschen aus der ganzen Welt. Dabei komme ich nicht umhin, an meine Großmutter zu denken, deren Wunsch es war, ein Haus zu bauen, das sie überdauern würde.

«Les Heures claires» – eine unbeschwerte Zeit – Gestalt annehmen zu lassen – genau dies war das Vorhaben meiner Großeltern und das utopische, nie verfasste Leistungsverzeichnis, das Le Corbusier aufgriff, um sein Haus zu erbauen. Diese Verpflichtung – aber war es überhaupt eine? – war zweifellos jene, der er in diesem Augenblick bedurfte. Es war noch kein Jahr vergangen, da er mit voller Wucht die Ablehnung für seinen Entwurf des Völkerbundgebäudes in Genf, den Palais des Nations, erfahren musste, den er so wunderbar beschrieben hatte: «Unser Palais steht, zwischen einer Gruppe hochstämmiger Bäume inmitten von Gräsern, auf dem Boden und wird nicht einmal einen wilden Rosenstrauch stören.» Und wenn Le Corbusier in Poissy, an den Ufern der Seine, und nicht etwa an jenen des Genfer Sees, sein Palais gebaut hätte? Das «Palais des Heures claires»?

Doch die unbeschwerte Zeit – die Zeit der sonnigen Tage – ist flüchtig. Sie dauert nie an. Allein die Villa Savoye ist Zeuge einer Utopie, die ein genialer Architekt einzufangen verstand – in einem weißen Kasten, der behutsam auf den Boden gestellt wurde, ohne auch nur einen wilden Rosenstrauch zu stören.

BIBLIOGRAFIE

Les Heures claires
Proyecto y arquitectura en la Villa Saboye
de Le Corbusier y Pierre Jeanneret
Josep Quetglas

Associacio d'idees. Centre d'investigations esthétiques, 2007
ISBN 84-87478-48-4

Le Corbusier Le Grand
Jean-Louis Cohen, Tim Benton

Phaidon, 2008
ISBN 978-0-714-84668-2

Les Villas parisiennes de Le Corbusier 1920–1930
Tim Benton

Éditions de La Villette, 2007
ISBN 978-2-915456-06-6

Le Corbusier
Habiter : de la Villa Savoye à l'Unité d'habitation de Marseille
Jacques Sbriglio

Actes Sud, 2009
ISBN 978-2-7427-8392-2

Le Corbusier
Moments in the Life of a Great Architect
Arthur Ruegg, René Burri

Birkhäuser, 1999
ISBN 978-3-7643-5999-7

Le Corbusier – Gesamtwerk in acht Bänden
Willy Boesiger, Oscar Stonorov, Max Bill (Hrsg..)

Birkhäuser, 1995
ISBN 978-3-7643-5515-9

Le Corbusier. The Villa Savoye
Jacques Sbriglio

Birkhäuser, 2008
ISBN 978-3-7643-8230-8

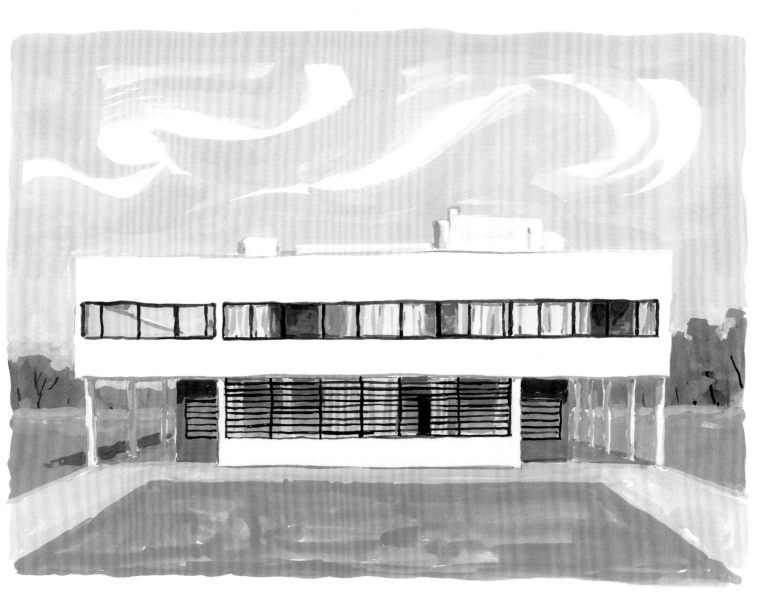

IMPRESSUM

Texte: Jean-Marc Savoye
Illustrationen: Jean-Philippe Delhomme
Grafisches Konzept: Roch Deniau
Übersetzung aus dem Französischen: Beate Susanne Hanen
Lektorat: Ilka Backmeister-Collacott
Projektkoordination: Baharak Tajbakhsh, Alexander Felix
Satz und Herstellung: Heike Strempel
Papier: 150 g/m² Condat Matt Perigord
Druck: optimal media GmbH

Library of Congress Control Number: 2020930697

Bibliografische Information der Deutschen Nationalbibliothek
Die Deutsche Nationalbibliothek verzeichnet diese
Publikation in der Deutschen Nationalbibliografie; detaillierte
bibliografische Daten sind im Internet über http://dnb.dnb.de
abrufbar.

ISBN 978-3-0356-2060-3
e-ISBN (PDF) 978-3-0356-2062-7
Englisch Print-ISBN 978-3-0356-2061-0

Französische Originalausgabe: «Les Heures claires de la Villa
Savoye», © 2015 Éditions les quatre chemins;
Illustrationen: ©Jean Philippe Delhomme; Lizenz vermittelt
durch BOOKSAGENT – France (www.booksagent.fr)

© 2020 Birkhäuser Verlag GmbH, Basel
Postfach 44, 4009 Basel, Schweiz
Ein Unternehmen der Walter de Gruyter GmbH, Berlin/
Boston

9 8 7 6 5 4 3 2 1

www.birkhauser.com

Abbildungsnachweis

© J.-M. Savoye
↳ S. 4, 5, 12, 15, 28

Fotografie, Martine Frank ©FLC-ADAGP
↳ S. 7

Briefe, Fondation Le Corbusier ©FLC-ADAGP
↳ S. 10 – 11, 16, 38 – 40, 50 – 51

Skizzen und Pläne Fondation Le Corbusier
©FLC-ADAGP
↳ S. 14, 18 – 23

Fotografie, Paul Kozlowski ©FLC-ADAGP
↳ S. 26

Fotografie, The Ernest Weissmann Archive ©FLC-ADAGP
↳ S. 32

Archives communales de Poissy (cote 48H3)
↳ S. 44, 49

Monatszeitschrift der katholischen Gemeinde von Beauregard
↳ S. 49

Fotografie, Marius Gravot ©FLC-ADAGP
↳ S. 52